Ve como cı

MW01121117

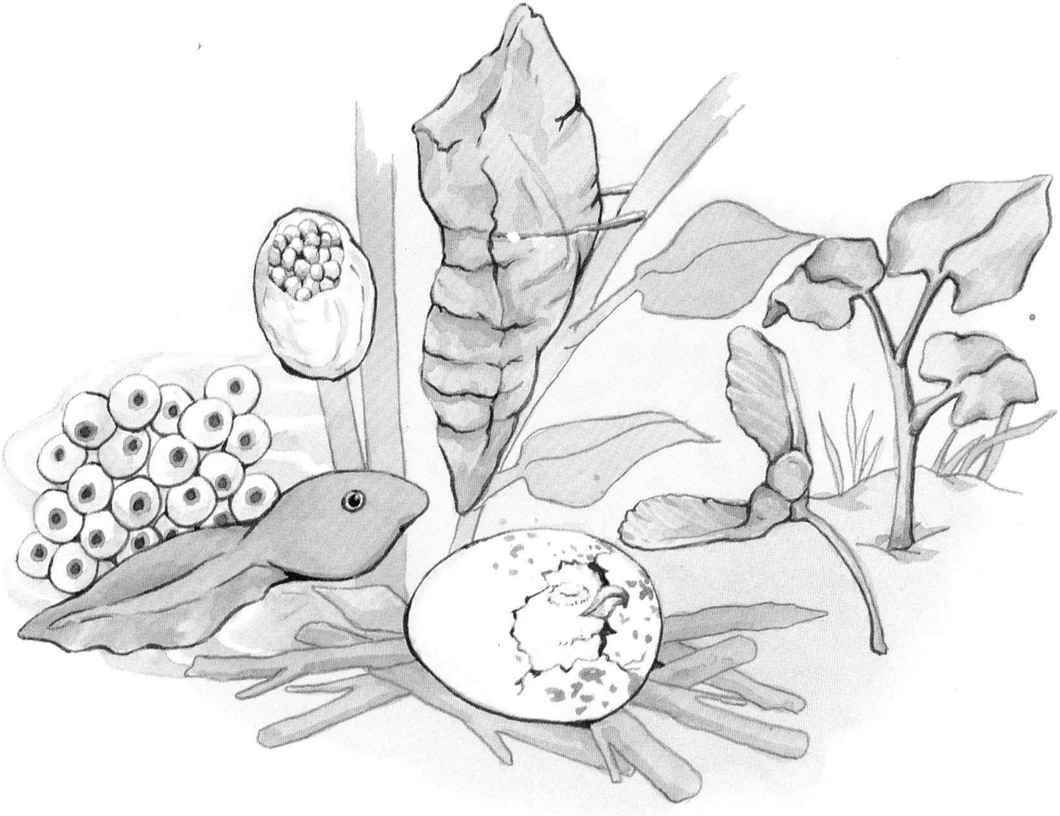

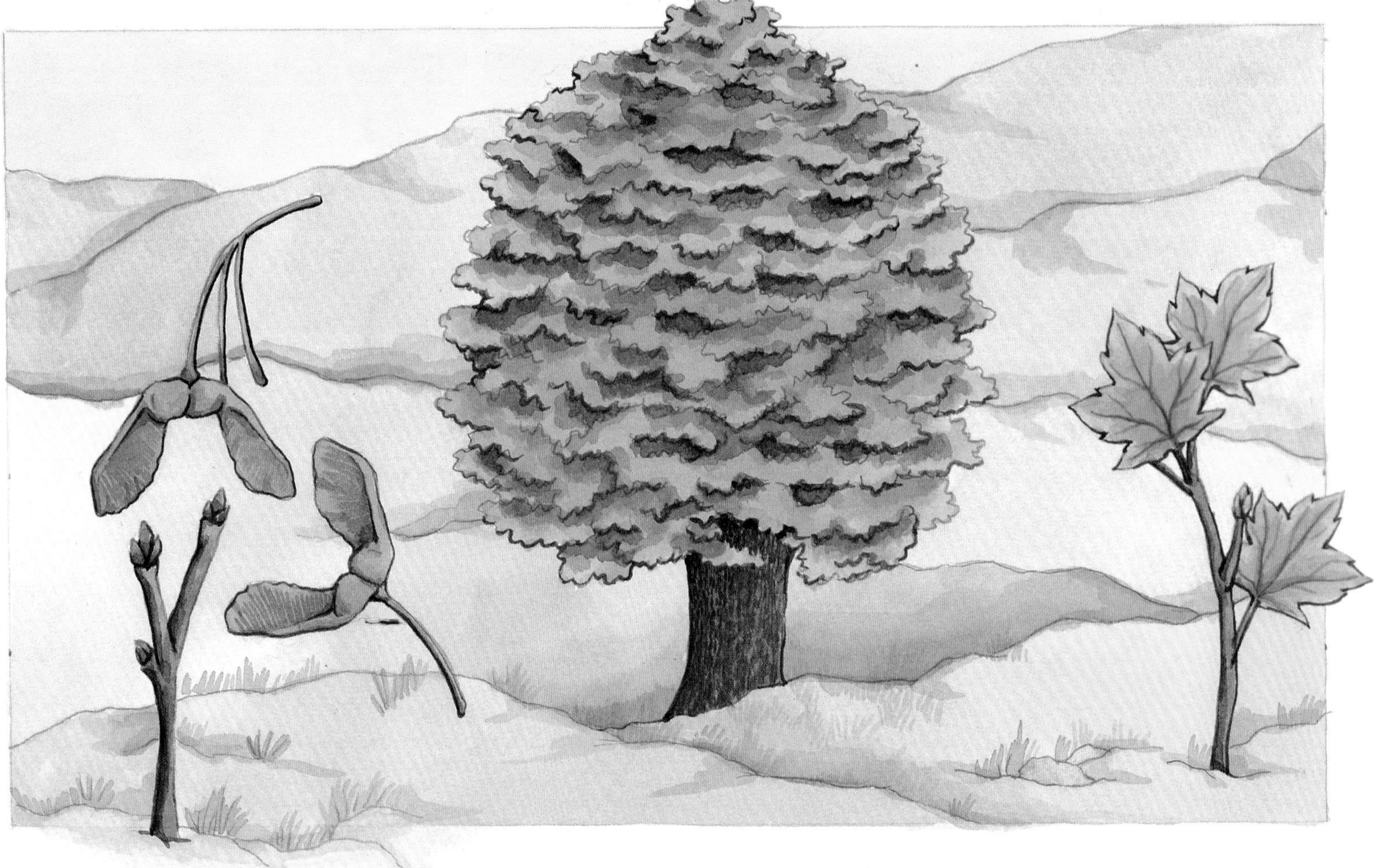

Ve como crece el árbol.

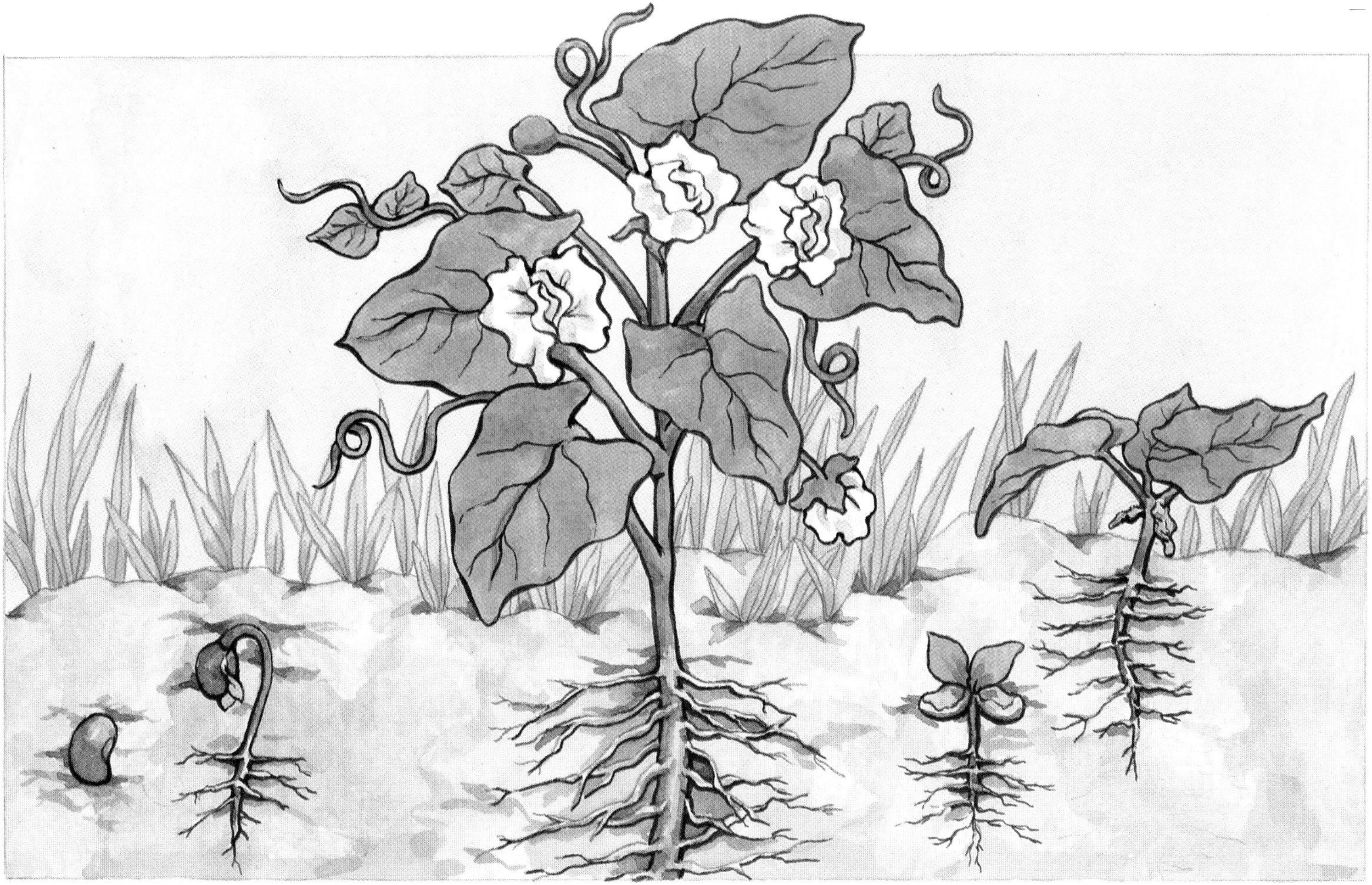

Ve como crece la flor.

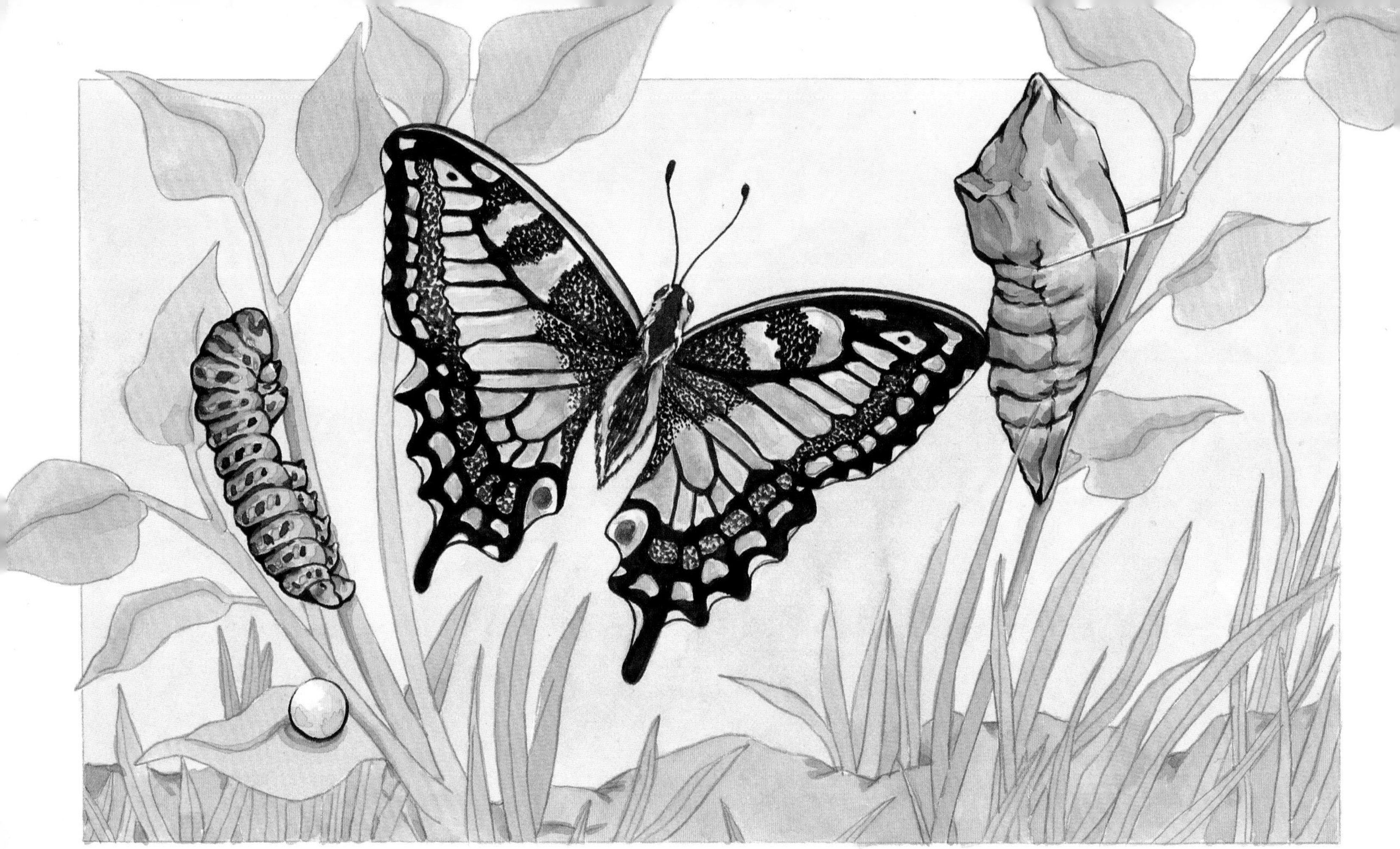

Ve como crece la mariposa.

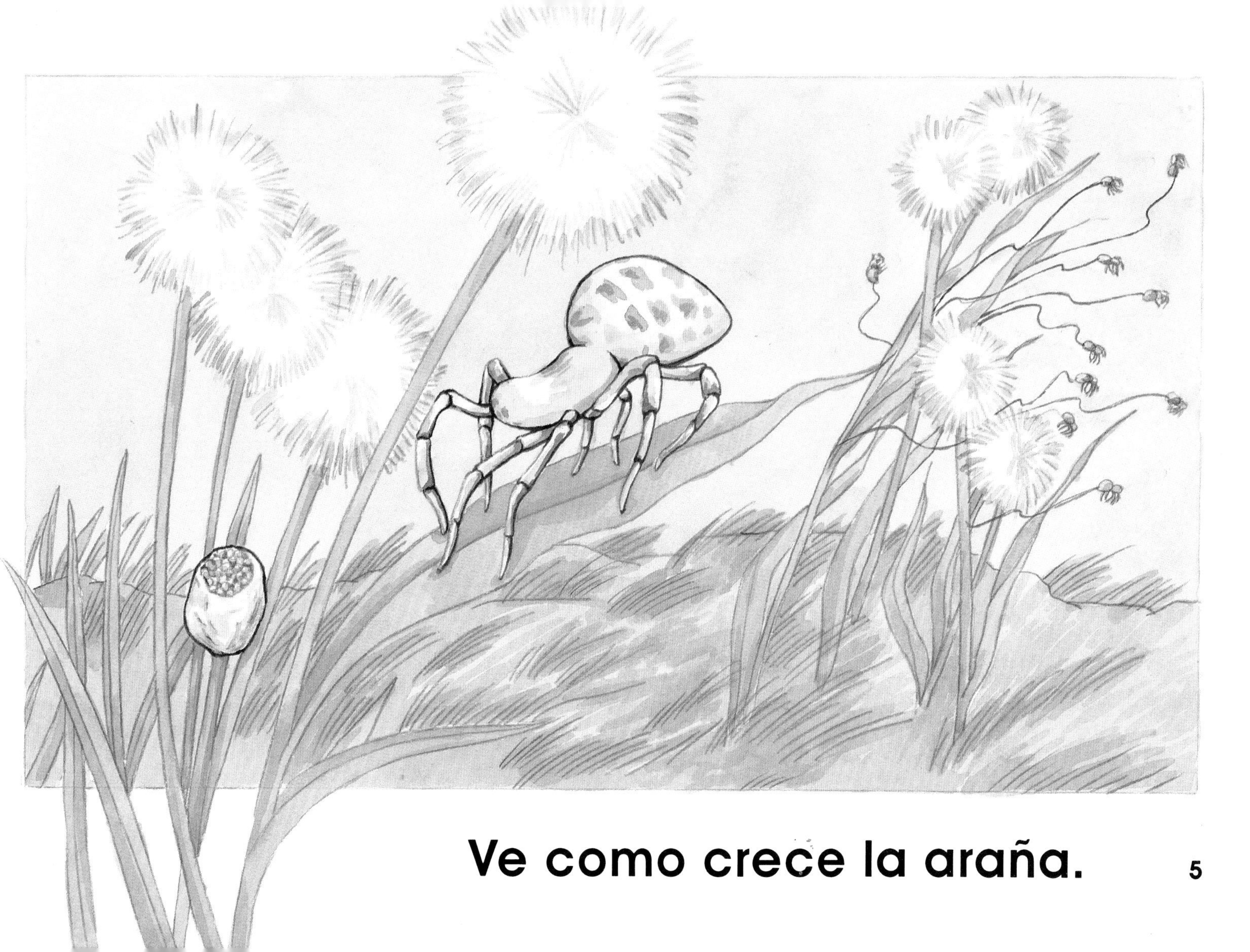

Ve como crece la araña.

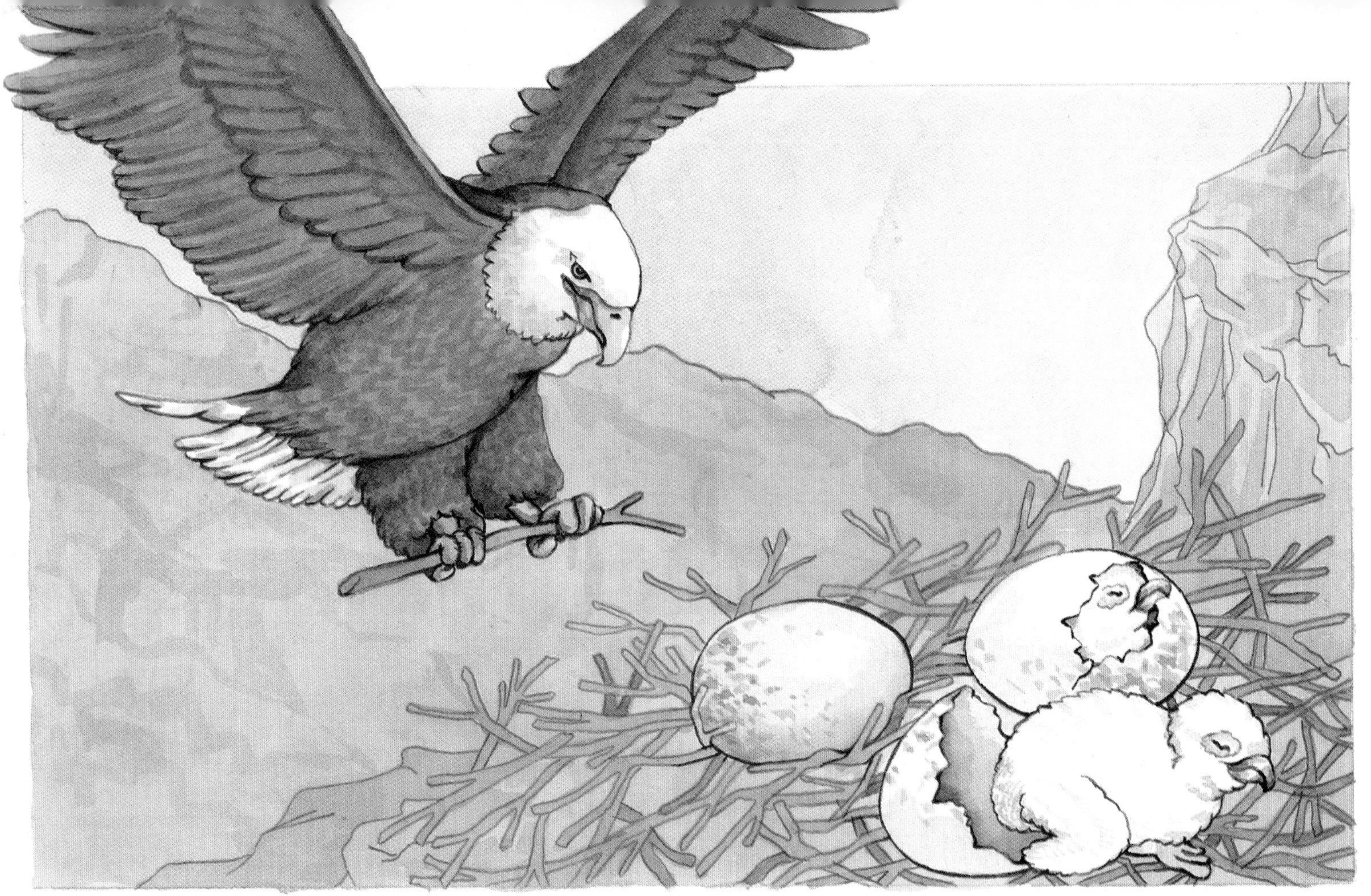

Ve como crece el pájaro.

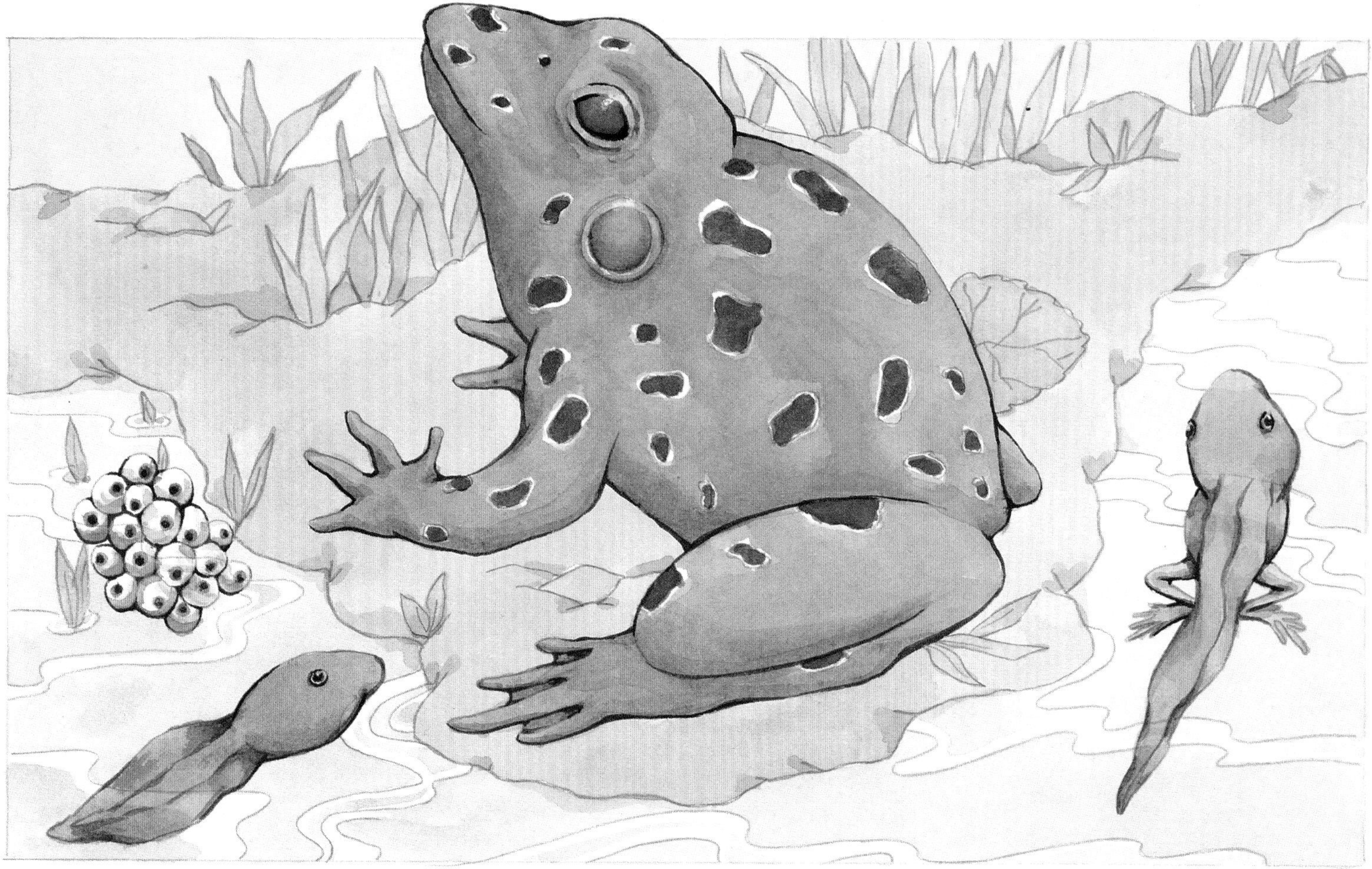

Ve como crece la rana.

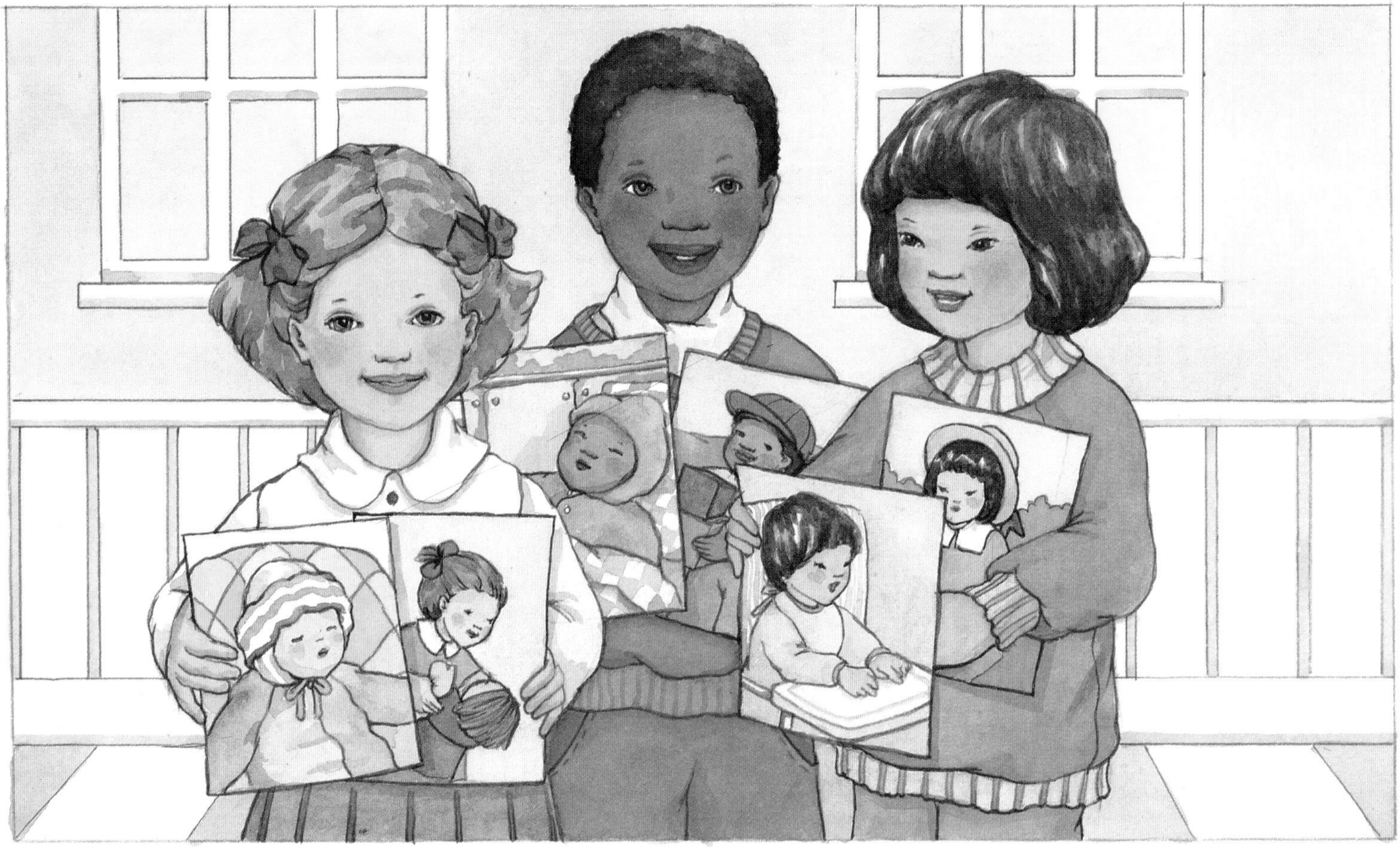

Ve como crece la gente.